LA
QUESTION PÉNALE
AU POINT DE VUE ÉTHIQUE

PAR

WLADIMIR SOLOVIEF

Extrait de la *Revue Internationale de Sociologie.*

PARIS

V. GIARD & E. BRIÈRE

LIBRAIRES-ÉDITEURS

16, Rue Soufflot, 16

1897

LA
QUESTION PÉNALE

AU POINT DE VUE ÉTHIQUE

PAR

WALDIMIR SOLOVIEF

Extrait de la *Revue Internationale de Sociologie*.

PARIS

V. GIARD & E. BRIÈRE

LIBRAIRES-ÉDITEURS

16, Rue Soufflot, 16

1897

La question pénale au point de vue éthique [1]

I

Quand un homme en offense un autre, quand par exemple un individu vigoureux et fort frappe quelqu'un de faible, le témoin de cette offense, s'il se place au point de vue moral, éprouve une sensation, qui le pousse à agir doublement. En premier lieu, il veut défendre l'offensé, en second lieu, ramener l'offenseur à la raison. Ces deux besoins dérivent d'une même source morale : le respect de la vie et de la dignité d'autrui qui, psychologiquement, repose sur le sentiment de pitié ou de compassion. J'ai pitié de l'être humain soumis à une souffrance psychique et physique ; la souffrance psychique, plus ou moins consciente, consiste en ce que, en sa personne, une atteinte a été portée à la dignité humaine. Mais la violation extérieure de la dignité humaine dans la personne de l'offensé se trouve infailliblement liée à la chute intérieure de cette même dignité dans l'offenseur : et l'une et l'autre exigent une réhabilitation. Comme le sentiment psychologique, relatif à l'offensé, diffère essentiellement de par sa nature du sentiment que l'offenseur éveille en nous — le premier étant la vraie pitié, tandis que dans le second l'indignation morale prédomine — il est de rigueur, afin que cette indignation garde son caractère moral, qu'elle demeure en tout et toujours équitable vis-à-vis de l'offenseur, et qu'elle ne perde jamais de vue les droits de celui-ci, si opposés que soient ces deux droits respectifs. L'un a droit à notre protection, l'autre demande à être éclairé, ramené à la

---

(1) Ce travail est extrait d'un volume de philosophie morale et politique publié en russe par l'auteur.

raison. Mais le fond moral de ces deux relations (en tant qu'il s'agit d'êtres doués de raison) est le même, à savoir : l'importance absolue, la dignité de la personne humaine, que nous reconnaissons en autrui, aussi bien qu'en nous-mêmes. Toute violation de cette dignité provoque une réaction morale en nous, et la nature de cette réaction est la même dans les deux circonstances, malgré la différence, voire même l'opposition de leur manifestation psychologique. Dans les cas où l'offense est directement ou indirectement cause de souffrance physique, la victime éveille assurément un sentiment plus fort de compassion, mais, absolument parlant, l'offenseur, ayant perdu intérieurement sa dignité morale, est pour cela même à plaindre au plus haut degré. Quoi qu'il en soit, le principe moral exige que nous reconnaissions le droit que tous les deux ont à notre assistance pour rétablir la justice, violée tant dans la personne de l'offenseur que dans celle de l'offensé.

Cependant ce principe, qui nous impose (en cas de crime, c'est-à-dire d'offense d'homme à homme) des rapports moraux avec les deux intéressés, est encore loin d'être généralement reconnu, et nous sommes obligés de le défendre contre deux sortes d'adversaires. Les uns (leur opinion prédomine encore jusqu'à présent) reconnaissent seuls les droits de l'offensé à la défense, à la vengeance, tandis que l'offenseur (sa culpabilité établie) est considéré (au moins en fait) comme un être sans droits, objet passif de représailles, voué à une extermination plus ou moins complète. « Inutile d'avoir pitié du scélérat; telle vie, telle mort! » Voilà la sincère expression populaire de ce point de vue. Sa contradiction directe avec le principe moral et son incompatibilité avec un sentiment humain tant soit peu développé (exprimé entre autres chez le peuple, au moins chez le peuple russe, par la dénomination d'infortunés, donnée aux criminels) expliquent et justifient psychologiquement l'opinion contraire qui, de nos jours, commence à se répandre. D'après cette opinion le criminel doit être éclairé, ramené à la raison verbalement; nulle violence n'est permise vis-à-vis de lui, ce qui, pratiquement, se réduit à la suppression même du droit de défense de la victime, soit individu, soit société, leur sécurité étant ainsi subordonnée à la réussite de quelque chose de problématique, en dehors de tout pouvoir et de toute responsabilité.

Examinons attentivement ces deux doctrines opposées que, pour plus de brièveté, nous voulons appeler la doctrine de la vengeance et la doctrine de la conversion morale par voie de persuasion.

II

La doctrine de la vengeance a pour elle une explication réelle, mais des preuves fictives ; — en l'analysant, il importe de ne pas les confondre. La bête fauve, sur laquelle une autre de son espèce se rue pour la dévorer, est poussée par l'instinct de la conservation à se défendre au moyen de ses dents, de ses griffes, si elle les a assez fortes, sinon, à se dérober par la fuite. Personne ne cherchera ici des motifs moraux, de même que dans la défense physique de l'homme, chez qui les moyens naturels sont complétés ou suppléés par des instruments artificiels. Mais, l'être humain, le sauvage même, ne vit ordinairement pas isolé, il appartient à quelque groupe social — famille, clan, tribu. C'est pourquoi, dans sa rencontre avec l'ennemi, le résultat final n'est jamais un combat singulier. Le meurtre, de même que toute autre offense, faite à un des membres du groupe, émeut le groupe entier et éveille le sentiment naturel de vengeance. S'il y entre de la pitié pour la victime, nous y reconnaissons un élément moral, mais l'importance dominante appartient, certes, à l'instinct collectif de la conservation, comme chez les abeilles ou autres animaux sociables : en défendant un des siens, famille, horde ou clan se défend lui-même; en vengeant un des siens, il se venge lui-même. Le même motif pousse aussi la famille, comme la tribu de l'offenseur, à le défendre. Ainsi des rencontres singulières dégénèrent en guerres à mort entre des sociétés entières. La poésie homérique nous a conservé le souvenir immortel de ce stade de développement social, en chantant la guerre de Troie, qui eut pour cause une offense privée, faite par Paris à Ménélas. L'histoire des Arabes, jusqu'à l'apparition de Mahomet, est remplie de guerres semblables. L'idée de crime et de châtiment n'existe point ici, rigoureusement parlant : l'offenseur est un ennemi dont on se venge, mais nullement un criminel qu'on châtie. La vengeance du sang, obligatoire et généralement reconnue, tient la place de la justice pénale. Il s'agit ici, bien entendu, d'offense entre membres de familles ou de tribus différentes. On peut dire, en général, qu'à ce degré du développement social, il n'existe guère d'autres espèces d'offenses. La solidarité des membres du groupe familial est trop forte et l'autorité du pouvoir patriarcal trop bien établie pour que l'individu isolé se décide à la révolte : ce serait presque aussi inconcevable que la révolte d'une abeille contre la ruche. Cependant, même sous le régime patriarcal, l'homme n'est pas dépourvu de la faculté du vouloir individuel, car, dans des cas uniques et rares, on l'a vue apparaître, mais ces manifestations exceptionnelles ont été étouffées exclusivement par l'action du pouvoir patriarcal, sans que jamais on ait eu besoin d'avoir recours à des mesures générales. La situation change, quand l'état se forme, c'est-à-dire quand, poussées par l'avantage, ou contraintes par la force, plusieurs familles et tribus se réunissent d'une manière permanente autour d'un chef commun qui, en organisant le pouvoir, supprime l'indépendance des tribus isolées, et abolit la vengeance privée.

Il est étonnant que les philosophes et les juristes des temps les plus reculés et presque jusqu'à nos jours, aient construit, *à priori*, des théories sur l'origine de l'État, comme si tous les États existants eussent été formés dans des périodes antediluviennes. Cela s'explique certes par l'imperfection des sciences historiques. Mais ce qui était encore permis à Hobbes, voire à Rousseau même, ne l'est plus aux savants d'aujourd'hui. Le régime patriarcal, par lequel, de manière ou d'autre, toutes les nations ont passé, ne présente rien d'énigmatique : la famille patriarcale, une extension de la famille primitive, est la manifestation directe des liens naturels du sang. Il s'agit de savoir de quelle manière le régime patriarcal s'est modifié, comment les familles, gens, tribus, qui vivaient indépendantes et isolées se sont fondues pour former un corps social plus vaste, plus puissant, un Etat enfin, ce qui, peut parfaitement être l'objet de recherches scientifiques. Il suffit de rappeler la transformation, accomplie dans les temps historiques, des familles, gens et tribus morcelées et disparates de l'Arabie septentrionale en un puissant Etat musulman. Son caractère théocratique ne présente point une exception ; ce caractère se retrouve dans la plupart des Etats de l'antiquité. En général la formation d'un Etat s'effectue de la manière suivante. Quelque individu supérieur, chef militaire ou religieux, le plus souvent l'un et l'autre, guidé par la conscience de sa mission historique, autant que par l'ambition, rassemble autour de sa personne des hommes de différentes familles ou tribus, et forme avec eux un noyau, en quelque sorte interfamilial, autour duquel, plus tard, volontairement ou contraintes par la force, des peuplades entières se groupent, recevant du pouvoir suprême constitué lois et administration et perdant ainsi plus ou moins leur indépendance. Lorsque, dans quelque groupe social, nous trouvons un gouvernement hiérarchiquement organisé, avec un pouvoir suprême central constitué, une armée permanente, des finances fondées sur des impôts, et enfin des lois, munies de sanction pénale, nous reconnaissons à cette association humaine le vrai caractère d'État. Tout cela se trouvait effectivement dans la communauté musulmane pendant les dernières années de la vie de Mahomet. Il est curieux de noter que l'histoire primitive de cet État confirme en quelque sorte la théorie des contrats politiques : les mesures prises par Mahomet étant signalées par des conventions formelles, à commencer par le *serment des femmes*, pour finir par les dernières conditions, qu'il dictait à la Mecque après sa victoire définitive sur les coraïchistes et leurs alliés. Remarquons de même que le point fondamental de tous les pactes, c'est l'abolition de la vengeance de sang entre les familles et tribus, qui entrent dans la jeune confédération politique.

Avec la nouvelle organisation sociale apparaît une distinction qui antérieurement n'existait pas, entre le droit public et le droit privé : dans les lois qui avaient trait à la vengeance privée, comme dans d'autres relations importantes, les intérêts du groupe collectif et de l'individu étaient immédiatement solidaires, d'autant plus que dans les petits corps sociaux, familles, tribus, la plupart des membres, sinon tous, se connaissaient personnellement, de sorte que chacun pour tous, et tous pour chacun, représentaient, généralement parlant, une grandeur réelle. Mais les relations personnelles et positives entre les parties et le tout deviennent impossibles quand, transformée en État, l'association humaine embrasse des milliers, voire des millions d'hommes; alors se manifeste une distinction nette entre les intérêts généraux et les intérêts privés, de même qu'entre les domaines correspondants du droit. Et contrairement à nos idées juridiques actuelles, le vol, les mutilations graves et le meurtre sont, à ce stade de culture sociale, du ressort du droit privé. Autrefois, sous le régime patriarcal, on estimait que de semblables délits portaient directement atteinte aux intérêts généraux, et la tribu entière en tirait vengeance sur le coupable et ses parents. Avec la formation d'une association politique plus large, le droit comme le pouvoir corrélatif de vendetta, enlevé à la famille, ne passa pas à l'État, au moins pas dans les proportions et le sens antérieurs. Le nouveau pouvoir public, qui promulgue les lois et administre la société, ne peut, de prime abord, entrer dans tous les intérêts de ses nouveaux sujets pour les défendre comme siens; le chef de l'État ne peut sentir et agir comme l'aîné de la famille. Ainsi nous voyons que l'État, au début, en défendant la personne et la propriété, se restreint à un minimum : on s'acquitte, moyennant une amende pécuniaire assez modérée, payée à la famille de la victime, non seulement des mutilations ou autres voies de fait graves, mais même du meurtre d'un homme libre. L'énumération de semblables amendes distinctes pour le sexe, les personnes et les différentes conditions, remplit les anciens codes ou recueils de lois, comme par exemple, les lois des Francs saliques et notre droit russe, qui sont des monuments précieux d'un Etat en voie de formation. Ce passage immédiat et rapide de l'impitoyable vengeance de sang, si souvent accompagnée de longues guerres destructives, à là simple indemnité pécuniaire est remarquable, mais au point de vue signalé elle est parfaitement compréhensible.

A ce stade du développement de l'Etat, les crimes politiques (1) seuls portent le caractère pénal, les autres, y compris l'assassinat, ne sont pas considérés comme crimes, mais réputés querelles privées.

Cependant une opposition aussi élémentaire entre le droit public et le droit privé ne peut durer longtemps. L'amende pécuniaire acquittant toute offense faite à la personne privée, ne satisfait pas le côté lésé (la famille de la victime), et n'empêche pas le délinquant, surtout s'il est riche, de commettre de nouveaux crimes. Dans de telles conditions, la vengeance privée, abolie par l'État, comme contraire à son essence même, recommence par le fait et menace la raison d'être de l'État et son existence; car, si chacun est obligé de venger lui-même les offenses faites à sa personne, pourquoi porter le poids imposé par le nouvel ordre politique ? Afin de justifier les prétentions qu'il a sur ses sujets, l'État doit prendre leurs intérêts sous sa défense effective ; afin de supprimer pour toujours le droit de vengeance privée, il faut que l'État le convertisse en droit public et qu'il le mette lui-même à exécution. A cette phase supérieure de l'association sociale, la solidarité entre le pouvoir suprême et les individus, qui lui sont subordonnés, se manifeste de manière plus

---

(1) Cette notion s'élargit et se rétrécit conformément aux conditions historiques. Au Moyen-Age, lorsque le caractère pénal du simple assassinat n'était pas encore évident à la conscience juridique, la falsification de la monnaie entraînait avec elle le dernier supplice le plus cruel, comme un crime, portant préjudice à la société entière, enfreignant le privilège du pouvoir suprême et, dans ce sens, politique.

évidente et, quoique la distinction entre les crimes de lèse pouvoir suprême (crimes politiques) et les crimes ordinaires, dont seuls les intérêts privés souffrent, se maintienne encore, ce n'est plus en substance, mais seulement d'après le degré de leur importance. Tout homme libre devient citoyen, c'est-à-dire membre de l'État, qui se charge de garantir sa sûreté; chaque violation de cette sûreté est considérée, par le pouvoir, comme une atteinte portée à ses propres droits, comme un acte hostile au corps social entier. Les mesures agressives contre l'individu ou la propriété ne sont plus réputées offenses personnelles, mais considérées comme des infractions aux lois de l'État et, à l'égal des crimes politiques, passibles de la vengeance de l'État lui-même.

III

La doctrine pénale de la vengeance a donc, comme nous venons de le voir, un fondement historique en ce sens que les punitions pénales actuellement usitées présentent une transformation du principe primordial de la vengeance du sang. Autrefois, une association sociale plus étroite, famille, gens, tribu, vengeait l'offensé; plus tard une association plus vaste, plus compliquée, appelée État, se chargeait de la vengeance. Autrefois, l'offenseur perdait ses droits d'homme aux yeux de la tribu offensée; à présent, lésé de tout droit, il devient l'objet du châtiment de l'État, qui se venge sur lui de toute transgression de ses lois. La différence consiste principalement en ce que, sous le régime patriarcal, l'acte de vengeance se consomme simplement — on tue l'offenseur comme un chien — mais les conséquences se compliquent souvent sous forme de guerres interminables; tandis que, sous le régime de l'État, l'acte vengeur assumé par le pouvoir public s'opère lentement et avec diverses cérémonies, mais sans complications subséquentes, car le condamné n'a plus de vengeur assez fort — il est sans défense vis-à-vis de l'État omnipotent.

Mais de ce fait indubitable que le supplice pénal ne présente qu'une modification historique de la vengeance primitive, faut-il conclure en faveur de ce supplice et en faveur du principe même de la vengeance? Faut-il que l'idée de vengeance en vertu de ce fondement historique détermine définitivement nos rapports avec le criminel? La logique ne permet pas, à ce que je sache, de tirer de semblables conclusions de la connexion originelle de deux phénomènes. Aucun darwiniste, en adoptant la théorie de la descendance de l'homme de bêtes infimes, n'en a encore tiré la conclusion que l'homme fût une brute. De ce que la cité romaine fut primordialement créée par une bande de brigands, nul historien n'a encore tiré la conclusion que l'essence même du Saint-Empire romain fût le brigandage. En ce qui concerne l'objet de notre étude : la transformation de la vengeance du sang, où sont les données pour conclure que cette transformation soit déjà arrivée au terme de son évolution ? Nous savons que les relations entre la société, gardienne des lois, d'un côté, et le criminel de l'autre, ont subi d'importantes modifications ; l'impitoyable vengeance familiale s'est transformée en amende pécuniaire, et l'amende pécuniaire a cédé la place aux supplices, au début cruels à l'excès, mais s'adoucissant de plus en plus depuis un siècle. Il n'y a pas ombre de fondement raisonnable pour soutenir que le terme de l'adoucissement des peines soit déjà atteint et que la potence, la guillotine, les travaux forcés à perpétuité et la détention cellulaire doivent demeurer éternellement dans les législations pénales des nations civilisées.

Mais, à mesure que le progrès historique tend manifestement à limiter le principe de vengeance, le talion, dans nos relations pénales avec le criminel, quantité de philosophes, de jurisconsultes (1) continuaient et continuent encore à exposer des théories en sa faveur. Par l'incompétence extrême de leurs auteurs, ces raisonnements abstraits deviendront certes un sujet d'étonnement et de raillerie pour la postérité, de même que les arguments d'Aristote en faveur de l'esclavage et ceux de quelques écrivains ecclésiastiques en faveur de la figure plate de la terre nous font sourire aujourd'hui. En eux-mêmes les arguments fictifs dont se sert la théorie de la vengeance ne méritent guère d'analyse, mais comme on les répète encore souvent, et que l'objet même est d'une importance vitale, nous sommes obligé de répéter leur réfutation.

« Tout crime est une violation du droit; le droit doit être rétabli ; le châtiment, c'est-à-dire une violation correspondante du droit, en la personne du criminel, consommée en vertu d'une loi promulguée par le pouvoir public (distinct de la vengeance privée) couvre la première violation et ainsi se rétablit le droit violé. » Ce prétendu raisonnement tourne autour du terme « droit ». Mais le droit réel

---

(1) Les premiers surtout en Allemagne, les seconds en France.

est toujours le droit de quelqu'un (il faut un objet du droit). Du droit de qui est-il question ici? Evidemment du droit de la personne lésée. Remplaçons maintenant ce contenu concret par le terme abstrait. Abel, le pacifique berger, a certes le droit d'exister et de jouir de toutes les joies de la vie; mais le méchant Caïn arrive et le prive, *in facto,* en le tuant, de ce droit. Il faut rétablir le droit violé; à cette intention, le pouvoir public intervient et envoie, en dépit de l'avertissement formel de l'Écriture Sainte (Genèse, iv, 15), le meurtrier au gibet. Cet acte rétablit-il le droit d'Abel à la vie, ou non? Comme personne, si ce n'est quelque habitant de Bedlam, ne peut soutenir, que le supplice du criminel ressuscite la victime, nous soummes ici forcés d'entendre par droit, non le droit de la victime, mais bien celui de quelqu'un encore. Cet autre objet du droit, violé par le crime, peut être la société ou bien l'État (1). L'État garantit tous les droits privés (droit à la vie, droit de propriété); il répond de leur inviolabilité en les plaçant sous la sauvegarde de ses lois. La loi, qui interdit à la personne privée de tuer à son gré un de ses semblables, est promulguée par l'État et, en la violant (par le meurtre), on viole le droit de l'État; l'exécution du meurtrier ne rétablit donc pas le droit de la victime, mais bien le droit de l'État et la portée de la loi. Ce qu'il y a de légitime dans ce raisonnement n'est point relatif au fait. Si tant est qu'on admette l'existence des lois, il est indubitable que leur violation ne peut demeurer sans conséquences, et que l'État doit veiller sur elles. Mais il ne s'agit pas du principe général de la punition du criminel, en tant qu'il viole la loi, car, sous ce rapport, tous les crimes sont égaux. Si la loi, émanant de l'État, est sacrée en elle-même, toutes les lois le sont à un degré égal, toutes expriment également le droit de l'État et leur violation est, sans distinction, une violation de ce droit suprême. Les différences matérielles des crimes ne touchent que les intérêts qu'ils violent; du côté de la forme, par rapport au tout, c'est-à-dire à l'État, à son pouvoir suprême et à ses lois, chaque crime (réputé tel) présuppose une volonté, qui n'est pas en accord avec la loi et qui la renie, c'est-à-dire une volonté criminelle, et, à ce point de vue, la logique exige des représailles équivalentes pour tous les crimes. Mais la diversité des punitions, relativement aux différents

---

(1) En ce qui concerne l'objet de cette étude, les deux termes peuvent être employés indifféremment.

délits, qui effectivement existe dans toutes les législations, suppose évidemment, outre le principe général de représaille, encore quelque chose de spécifique, un lien déterminé entre tel délit et telle punition. La doctrine de la vengeance reconnaît un semblable lien dans le fait que le droit, violé par un délit quelconque, doit être rétabli par un acte conforme ou proportionnel, par exemple : celui qui tue doit être tué. Et, pourtant, quelle équivalence ou conformité ici? Les partisans signalés de la doctrine raisonnent comme il suit : le droit est quelque chose de positif, disons $+$ (plus), sa violation, quelque chose de négatif $-$ (minus); si à présent, il y a eu négation, sous forme de crime (par exemple le meurtre d'un homme), cette négation en appelle une autre, sous forme de châtiment (le meurtre du meurtrier), et alors cette double négation, ou la négation de la négation, produit l'état positif, c'est-à-dire rétablit le droit : moins, multiplié par moins, donne plus. Il est difficile de garder son sérieux en face d'un semblable « jeu d'esprit »; remarquons néanmoins que l'idée de la négation de la négation exprime logiquement la relation intérieure directe entre deux actes opposés, si, par exemple, le mouvement du mauvais vouloir dans l'homme est « une négation », à savoir, la négation de la règle morale, l'acte opposé du vouloir, étouffant ce mouvement, sera effectivement « la négation de la négation », et le résultat obtenu, la confirmation de l'homme dans son état normal, est positif; de même si le crime, l'expression active du mauvais vouloir, est une négation, le repentir actif du coupable sera la négation de la négation (non pas le fait, mais les causes cachées qui l'ont produit), et le résultat — sa régénération morale — sera de nouveau positif. Mais le supplice du criminel n'a évidemment pas cette portée; ici la négation est dirigée (comme en cas de crime) vers quelque chose de positif — la vie d'un homme. Il est, en effet, impossible de reconnaître que, dans le supplice du criminel, l'objet de la négation soit son crime même, puisque ce crime est un fait consommé, et suivant les paroles des Pères de l'Église, Dieu lui-même ne peut rien contre l'acte accompli; aussi, ce que l'on nie ici, ce n'est pas le mauvais vouloir du criminel, car, de deux choses l'une : ou bien, il s'est repenti de son forfait et, dans ce cas, il n'y a plus de mauvais vouloir, ou bien, il persiste jusqu'à la fin, ce qui revient à dire que sa volonté n'a cédé à aucune action et, qu'en tout cas, nulle force, venant du dehors, ne peut modifier l'état intime de son âme. Or, si dans le supplice du criminel, on ne nie pas la mauvaise volonté, mais les biens positifs de la vie, il n'y a ici qu'une simple négation, et non pas une « double » ou une négation de la négation. De la succession de deux négations simples, rien de positif ne peut résulter. L'abus de la formule algébrique donne à l'argumentation un caractère comique. Afin que deux moins, c'est-à-dire deux grandeurs négatives aient pour résultat un plus, grandeur positive, il ne suffit pas de les placer l'une après l'autre, il est de rigueur de les multiplier; et que signifie le crime, multiplié par le châtiment?

IV

L'absurdité intime de la doctrine de la vengeance ou « de la justice vindicative » se manifeste encore davantage si l'on considère, qu'à l'exception de quelques cas spéciaux, elle n'a aucun rapport avec les lois pénales existantes. Rigoureusement parlant, il n'y a qu'une conjoncture, où elle semble s'appliquer : la peine de mort pour le meurtre. Aussi les arguments pseudo-philosophiques, — mentionnés plus haut, — en faveur de la doctrine, se rapportent-ils uniquement à ce seul cas, — mauvais symptôme pour un principe qui a des prétentions à une portée universelle. Chez nous, en Russie, où la peine de mort ne subsiste que dans quelques cas exceptionnels de crimes politiques, ce semblant de corrélation n'existe même pas; car, en effet, quelle rémunération proportionnée, ne fût-elle qu'apparente, entre le parricide et les travaux forcés à perpétuité, ou bien entre le simple meurtre par cupidité et la déportation? Une des meilleures réfutations de la doctrine est à chercher dans le fait, qu'on ne la voit guère appliquée que dans les législations des peuplades mi-sauvages, et dans les codes des temps barbares, où, par exemple, l'auteur de certaines mutilations était condamné à subir une mutilation correspondante, où l'on arrachait la langue pour une parole insolente, etc. Un principe, dont l'application est incompatible avec un certain degré de culture, est, par là même, un principe condamné.

Dans les temps modernes, si je ne me trompe, la doctrine du rétablissement du droit, par un châtiment correspondant à l'offense, a trouvé plus de défenseurs parmi les philosophes abstraits, que parmi les juristes de profession. Ces derniers n'admettent de punitions proportionnées aux crimes, que dans le sens relatif à la quantité (mesure de punition). Ils exigent l'application de punitions plus graves pour des délits comparativement plus graves, de manière qu'il y ait une échelle (scala) de punitions correspondant à l'échelle des délits. Mais avec cela, la base (et par conséquent le sommet) de l'échelle pénale elle-même demeure indéfinie, et par suite, le caractère des punitions est arbitraire — tantôt inhumainement cruel, tantôt, au contraire, doux à l'excès. Cette échelle de peines existait déjà dans ces législations, où tous, ou presque tous les délits simples étaient soumis à la peine pécuniaire : la gravité de la mutilation augmentait l'amende : on y payait quelques deniers de plus pour le meurtre d'un homme que pour celui d'une femme, etc. D'un autre côté, dans les législations qui punissaient le vol de pendaison, les délits plus graves étaient toujours suivis de la peine capitale renforcée par différents degrés de torture. C'est, bien entendu, la cruauté et non pas la progression des châtiments qui est ici immorale.

Ce qui importe, pour nous, c'est la tendance manifeste du droit pénal à maintenir, dans la mesure du possible, les punitions les plus cruelles. Ne rencontrant pas de fondement assez solide dans le principe pseudo-rationnel « du rétablissement du droit », cette tendance cherche un appui empirique dans le principe de « l'intimidation ». Au fond, ce motif a toujours été joint au principe de « la vengeance ». L'aphorisme populaire : « Telle vie, telle mort », ne fait qu'un avec cet autre : « Pour faire des exemples ». Or, même au point de vue de l'empirisme utilitaire, ce principe ne peut prétendre à être absolument juste. La peur est certes un mobile important de la nature humaine, cependant elle ne la domine pas sans partage. Le nombre grandissant des suicides démontre que, pour bien des hommes, la mort même n'a rien d'effrayant. La réclusion cellulaire prolongée et les travaux forcés sont en eux-mêmes, peut-être, plus redoutables, mais ils ne produisent pas, de prime abord, le même effet intimidant. Je ne m'arrêterai pas à toutes les objections courantes, si bien connues, contre la théorie de l'intimidation (comme par exemple l'espoir, qui n'abandonne jamais le délinquant, de se soustraire à la justice, d'échapper au châtiment, de même que le fait, que l'immense majorité des crimes se commettent sous l'empire de quelque passion, étouffant la voix de la raison). La vertu relative de ces considérations est discutable. Ce n'est que sur le terrain moral que la théorie de l'intimidation peut être définitivement réfutée : premièrement, en principe — par sa contradiction directe avec les règles fondamentales de la morale ; et, deuxièmement, dans le fait — par la circonstance, que cette contradiction pousse les partisans de l'intimidation à l'inconséquence, les forçant, en vertu de motifs moraux, à renoncer aux exigences les plus claires et les plus effectives de la théorie. Il va sans dire qu'il s'agit ici de l'intimidation, dans le sens de principe fondamental de la justice pénale, et pas seulement, dans le sens de conjoncture psychologique accompagnant naturellement tout mode de réaction contre le crime. Ainsi, même si on n'avait en vue que la correction du délinquant par voie de suggestion éclairée, la perspective d'une semblable tutelle, fût-elle même douce et rationnelle, pourrait produire un effet d'intimidation sur des personnes volontaires et ambitieuses, et les empêcher de commettre d'autres crimes. Or, ceci ne se rapporte évidemment pas à la théorie, qui ne considère pas les conséquences indirectes de l'intimidation, mais l'essence, le problème réel du châtiment.

La loi morale commande de respecter la dignité humaine dans chaque homme et, par conséquent, nulle créature ne peut servir d'instrument, ou de moyen, au profit d'une autre. Néanmoins la théorie de l'intimidation ne voit dans le délinquant à châtier qu'un moyen d'épouvante et un maintien de la sûreté générale. Certes, le bien propre du criminel entre aussi pour quelque chose dans les intentions de la loi pénale : par la crainte du châtiment, il faut l'empêcher de commettre le crime; mais, le crime une fois commis, ce motif tombe, et le délinquant à châtier ne demeure, à ce point de vue, qu'un moyen pour intimider autrui, c'est-à-dire il sert à atteindre un but, qui lui est étranger, ce qui est directement contraire à la règle morale absolue. De ce côté là, la peine, sous forme d'intimidation, ne serait permise que comme une menace; or, la menace, qui jamais ne s'exécute, perd sa force. Et ainsi, le principe de l'intimidation pénale ne peut être moral qu'à la condition de son inutilité et, il ne peut être matériellement utile, qu'à la condition d'une application immorale.

Par le fait, la théorie de l'intimidation s'est émoussée depuis que la torture et la peine capitale accompagnée de supplices ont été abolies dans les pays civilisés et mi-civilisés. Si l'intimidation du criminel et de ceux qui seraient tentés de suivre son exemple embrassait tout le problème du châtiment, il est évident que précisément ces moyens-là seraient les plus efficaces, les plus rationnels. Pourquoi donc les partisans de l'intimidation renoncent-ils aux seuls moyens sûrs pour atteindre leur but ? Il faut admettre qu'eux

aussi, ils trouvent ces moyens immoraux et contraires aux senti-
ments de pitié et de charité humaine. Or, dans ce cas, l'intimidation
ne peut plus être le principe définitif du châtiment. De deux choses
l'une : ou bien, l'intimidation constitue l'essence même du châtiment
et alors, il est de rigueur d'admettre la torture et les supplices
cruels, comme étant, par excellence, des moyens d'intimidation ; ou
bien, le châtiment est, de par sa nature, assujetti au principe moral
et, dans ce cas, il faut entièrement renoncer à l'intimidation comme
un moyen immoral dans son essence même (1).

V

Le fait que dans les législations pénales contemporaines les formes
les plus efficaces de représailles et d'intimidation ont disparu, —
on a vu disparaître précisément ce qui du premier de ces points de
vue devrait être reconnu comme le plus logique et, du second, comme
le plus utile, — ce fait seul démontre qu'un autre point de vue moral
a pénétré dans le domaine du droit et qu'il y a fait des conquêtes
importantes. Néanmoins, il reste encore dans tous nos systèmes
pénitentiaires européens bien des cruautés et des tourments inutiles,
qui ne s'expliquent que comme une survivance du principe suranné
de vengeance et d'intimidation. Tels : la peine de mort qui, tout en
ayant perdu du terrain s'obstine à demeurer, la perte indéfinie de
la liberté, les travaux forcés et la déportation dans des contrées
lointaines, où les conditions de la vie sont impossibles.

Cette cruauté systématique révolte la conscience morale et modifie
le sentiment originel à l'égard du criminel. Si la pitié pour l'offensé,
(la victime) et l'impulsion irrésistible à le défendre nous arment contre
l'offenseur (le criminel), celui-ci, de son côté, n'en éveille pas moins
l'intérêt, voire même la compassion, quand toute la société incom-

---

(1) A la fin du xviiiᵉ siècle, au plus fort du mouvement contre les cruautés
du droit pénal, quelques écrivains cherchaient à démontrer que la torture
était non seulement inhumaine, mais aussi inutile, même dans le sens
d'intimidation, car elle n'arrête personne dans la voie du crime. Si cette
opinion était démontrée, la théorie de l'intimidation perdrait toute sa valeur.
Il est évident que, si les supplices cruels mêmes sont insuffisants pour intimider les criminels, les peines plus douces produisent encore bien moins
cet effet.

mensurablement plus puissante que l'individu isolé et désarmé
l'accable de sa haine inéluctable, en le rendant l'objet de tourments
de longue durée. La conscience juridique, de même que la pratique,
a péremptoirement renoncé non pas à l'idée du principe de la vengeance, mais à son exécution logique. Les systèmes pénitentiaires
en vigueur dans les pays civilisés ne présentent qu'une transaction
entre ces mêmes principes d'un côté, et de l'autre, quelques récla-
mations de justice et d'humanité. Au fond, nous n'y rencontrons que
des restes plus ou moins adoucis de l'antique férocité et nulle idée
dominatrice, nul principe dirigeant. Le criminel perd-il, ou non, par
le fait du crime ses droits humains? Cette question fondamentale
de la conscience morale ne peut être résolue sur le terrain d'une
semblable transaction. S'il ne les perd pas, comment peut-on le priver de la première condition de tout droit — l'existence, comme on
le fait, en le condamnant à mort? Si le fait du crime prive le criminel de ses droits naturels, à quoi bon toutes ces cérémonies juridiques vis-à-vis d'un être sans droits aucuns? Empiriquement, on
écarte ce dilemme en faisant des distinctions entre divers crimes, les
uns privant le délinquant de tous ses droits humains, tandis que
d'autres ne font que les restreindre plus ou moins. Et non seulement le principe et la mesure de ces restrictions demeurent vagues,
mais la distinction même entre divers crimes est arbitraire et varie eu
égard au temps et au pays. Il semblerait toutefois que ce fait capital
d'exercer sur l'homme une action qui le rend passif dût relever de
quelque cause objective, de quelque principe défini, toujours et par-
tout le même; mais en réalité, nous voyons que, dans un pays, un
simple meurtre suffit pour priver le criminel de son existence, que
dans un autre, il faut pour cela que le meurtre soit accompagné de
circonstances accablantes, que dans un troisième, c'est un crime politique et ainsi de suite.

L'état peu satisfaisant de ce fait grave et l'insouciance révoltante
par rapport à la vie et à la destinée des humains provoquent une
réaction naturelle du sentiment moral qui, comme il arrive, passe
à l'excès opposé, en portant quelques moralistes à nier l'idée même
du châtiment dans son sens large de réaction positive contre le
crime. Conformément à cette nouvelle doctrine, il n'est permis ni de
contraindre, ni d'employer la violence contre qui que ce soit; il faut
exclusivement agir sur le criminel par voie de persuasion. Le
mérite de cette doctrine gît dans la pureté morale de ses desseins ;
son défaut, dans l'impossibilité de réaliser ses desseins à la manière

dont elle les conçoit. Le principe de rapport passif avec le criminel, niant, absolum.nt parlant, toute contrainte, exclut non seulement les mesures de vengeance et d'intimidation (en quoi il a raison), mais encore les mesures préventives et l'action éducatrice sur le coupable. L'État, à ce point de vue, n'a pas le droit de garder au secret, ne fût-ce que temporairement, le meurtrier le plus féroce, quoique les conjonctures du procès démontrent clairement qu'il persévère dans le mal ; ainsi, il n'a pas non plus, même dans l'intérêt propre du coupable, le droit de le placer dans un milieu plus moral. De même, on ne reconnaît pas à la personne privée le droit d'user de violence pour arrêter le malfaiteur en train de se ruer sur sa victime ; vis-à-vis de lui la persuasion est seule permise. Dans l'analyse de la doctrine, je m'arrêterai sur un cas très simple et fondamental de réaction particulière contre le crime.

Sur des hommes corrompus les paroles de persuasion n'agissent qu'en de rares exceptions. Il y aurait de la présomption à attribuer un succès si exclusif à l'action de la parole, mais il serait inhumain de se borner à la parole, si l'on doute de son action, alors qu'il y va de la vie et de la mort du prochain. L'offensé a droit à toute notre aide, et non seulement à une intervention verbale, qui, si souvent en fait, devient comique ; mais, exactement de même, l'offenseur a droit à toute notre aide pour l'empêcher d'accomplir une action qui le rendrait bien plus infortuné que ne l'est sa victime ; ayant empêché le crime, nous pouvons, dans la paix de notre conscience, nous servir de la parole pour ramener le malfaiteur à la raison. Si, en voyant le bras de l'assassin levé sur la victime, je le saisis, sera-ce là un acte de violence immorale ? Il est indubitable que c'est un acte de violence, mais il n'y a rien d'immoral dans cette violence, elle est au contraire, en conscience, obligatoire et découle directement des exigences du principe même de la morale. Car, en arrêtant un homme dans l'accomplissement d'un meurtre, je respecte et soutiens activement en lui la dignité humaine, menacée d'une déchéance complète par la réalisation de son dessein. Il serait bizarre de présumer que le fait même de cette violence, c'est-à-dire le contact des muscles de ma main avec les muscles de la main de l'assassin, et ses suites inévitables, fût en lui-même immoral. Serait-il donc de même immoral de retirer de l'eau un naufragé, puisque cet acte ne peut s'accomplir sans un grand déploiement d'efforts musculaires et sans quelques souffrances physiques pour celui qu'on tire du péril ? S'il est permis et moralement obligatoire de sauver celui qui va se noyer, malgré sa résistance, ne l'est-il pas encore plus d'empêcher le malfaiteur d'attaquer sa victime, fût-ce au prix même de quelques meurtrissures ou autres lésions (1).

De deux choses l'une : ou bien le criminel, que j'arrête, n'a point encore perdu tout sentiment humain, et alors il va sans dire qu'il sera reconnaissant, non moins reconnaissant que le naufragé retiré de l'eau, d'avoir été à temps soustrait au crime ; ce qui revient à dire que la violence encourue s'est accomplie avec son consentement tacite, sans que ses droits aient été lésés, de même qu'à proprement parler, il n'y avait pas de violence ici, car *volenti non fit injuria*. Ou bien, le criminel a déjà perdu le sentiment humain, parce qu'il demeure mécontent de ce qu'on l'empêche d'en finir avec sa victime, et vouloir ramener à la raison un être dans cet état serait le comble de l'absurde — comme si, au lieu d'inonder d'eau froide un homme ivre, on raisonnait avec lui sur l'utilité de la tempérance.

Si la violence physique, c'est-à-dire l'application de force musculaire, était en elle-même un mal, quelque chose d'immoral, il va de soi que l'emploi de ce moyen, fût-ce même dans le meilleur des buts, ne saurait être permis, ce serait reconnaître la règle du but sanctifiant les moyens — règle absolument condamnée par la vraie morale. Réagir contre le mal par le mal est illicite et vain ; haïr le coupable pour ses crimes et en tirer vengeance est de l'enfantillage moral. Mais si, sans haine, en vue de son intérêt, je le détourne du crime, où est le mal ? Comme l'effort musculaire n'est pas un mal en soi, le caractère moral de son application dépend entièrement des intentions de la personne et de la nature de l'acte ; se servir intelligemment de sa force musculaire pour le bien effectif, moral ou matériel de son prochain, n'est point défendu, mais, au contraire, directement prescrit par la loi morale. Il existe une ligne de démarcation, subtile peut-être, mais précise et évidente, entre l'emploi moral et immoral de la violence physique. Il importe de savoir quel est, en réagissant contre le mal, mon sentiment pour le malfaiteur. Dois-je demeurer encore avec lui dans des relations humaines et morales ? Est-ce son bien que j'ai en vue ? Si cela est, une violence forcée n'aura rien

______

(1) Mais que faire, si dans la lutte pour arrêter le meurtrier, je lui cause involontairement des blessures graves, voire même la mort ? Ce sera pour moi un grand malheur, qui m'affligera comme mes péchés involontaires, mais, en tout cas, c'est un moindre crime de tuer inopinément un malfaiteur que de souffrir l'assassinat prémédité d'un innocent.

d'immoral, ni la vengeance, ni la cruauté n'y sont pour rien ; et alors cette violence ne sera qu'une condition inéluctable, la substance même du secours que je lui prête, ainsi que l'opération chirurgicale ou bien l'incarcération d'un fou furieux.

Le principe moral interdit de faire de l'homme un moyen pour le bien d'autrui (c'est-à-dire un but qui ne comprend pas son propre bien) ; si donc, en réagissant contre le mal, je ne vois dans le coupable qu'un moyen de défense ou de réparation d'une offense faite à l'individu, à la société, je commets un acte immoral, même si j'agissais poussé par une pitié désintéressée pour la victime et par le souci sincère de la séurité publique. Au point de vue éthique, ce n'est pas assez, il faut de la compassion pour les deux, l'offensé et l'offenseur, et si effectivement j'ai en vue leur bien commun, la raison et la conscience me suggèreront sous quelle forme, dans quelle mesure, il est ici de rigueur de me servir de la force physique.

Toute question morale trouve sa solution définitive dans la conscience, et je propose hardiment à chacun de s'adresser à son expérience intérieure ; dans lequel des deux cas la conscience nous fait-elle plus de reproches, est-ce dans celui où, pouvant empêcher la consommation d'un crime, nous passons indifférents à côté, nous bornant à quelques vaines paroles, ou bien dans celui où, effectivement, même au prix de quelques lésions physiques, nous l'empêchons ? Chacun comprend que dans une société parfaite, il n'y a pas de place pour la violence, mais il faut parvenir à ce degré de perfectionnement, et il est évident qu'on n'atteint pas la réalisation de la société parfaite en laissant aux insensés, aux méchants, pleine liberté pour exterminer les hommes de bien. Ce qui est à désirer ici, ce n'est pas la liberté du mal, mais l'organisation du bien. « Or, disent les sophistes d'aujourd'hui, la société a souvent accueilli comme un mal ce qui, plus tard, a été démontré être un bien, elle a persécuté comme malfaiteurs des hommes innocents ; donc, le droit pénal ne vaut rien, il faut renoncer à tout acte forcé ». Cet argument n'est pas de mon invention, je l'ai bien des fois entendu et lu. Suivant une telle logique, le système astronomique erroné de Ptolémée constitue une cause suffisante pour renoncer à l'astronomie, et des erreurs de l'alchimie, on conclut à l'inutilité de la chimie.

Il semblerait presque incompréhensible que, à part les sophistes, des hommes d'un autre esprit, d'une autre trempe, pussent défendre une doctrine aussi inepte. Mais le fait est, autant que j'en puis juger, que cette doctrine est plutôt d'origine mystique que d'origine éthique. Elle est toute pénétrée de l'idée : « que ce qui nous semble un mal peut ne point l'être; la divinité, la Providence connaît mieux que nous la vraie connexion des choses et fait éclore le bien véritable de ce qui nous parait un mal; nous ne connaissons et apprécions que nos états intérieurs, tandis que la portée objective et les conséquences de nos actions comme de celles d'autrui nous échappent ». Il faut avouer que pour un esprit croyant, cette manière de voir est extrêmement séduisante, néanmoins elle est illusoire. On juge de la vérité d'une opinion si, en en tirant logiquement les dernières conséquences, on ne tombe pas dans la contradiction et dans l'absurde. L'opinion signalée ne soutient pas une semblable vérification. Si mon ignorance des conséquences objectives de mes actions et de celles d'autrui est une cause suffisante pour demeurer dans l'inaction, pourquoi résister à mes passions et mauvaises inclinations? Qui sait quelles conséquences admirables une Providence toute clémente peut tirer de la débauche, de l'ivrognerie et de l'animosité contre nos semblables !

Prenons un exemple : par abstinence, un individu quelconque n'entre pas au cabaret, tandis que s'il n'eût pas résisté à son penchant pour la boisson, et s'il y était entré, il aurait peut-être, en retournant, trouvé sur son chemin quelque petit chien à moitié gelé, et dans son état d'ivresse, enclin à la sensiblerie, il l'aurait recueilli et rechauffé. En grandissant, ce chien, à son tour, sauverait, en la retirant de l'eau, une petite fille, qui deviendrait dans la suite la mère d'un grand homme; tandis que par suite de l'abstinence déplacée, troublant les projets de la Providence, le petit chien a gelé, la petite s'est noyée et le grand homme a été condamné à ne jamais voir le jour. Un autre individu, porté à la colère, réfléchit et se retient au moment où il veut souffleter son interlocuteur; cependant, s'il ne s'était pas retenu, l'offensé, ému dans son âme, aurait peut-être profité de l'occasion pour lui tendre l'autre joue, ce qui eût été le comble du triomphe de la vertu, tandis que présentement leur entretien est vide de conséquences. Une doctrine qui récuse absolument toute réaction violente contre le mal, s'appuie au fond sur des raisonnements semblables. Quelqu'un sauve de force la vie d'un homme, en désarmant l'assassin; or, il en résulte que la créature sauvée devient le plus redoutable des scélérats; il eût donc mieux valu ne pas le sauver. Mais un même désappointement aurait pu s'ensuivre, si un loup enragé eût menacé l'homme en question. — Eh quoi? Il ne faut donc pas défendre ses semblables contre les bêtes féroces? Mieux encore ; si, pendant un incendie ou une inondation, je sauve certaines personnes, il peut de même arriver que, dans la suite, ces êtres deviennent profondément malheureux, ou bien qu'ils se montrent des vauriens, en sorte qu'il eût mieux valu pour eux être dévorés par les flammes et couler à fond, — donc, il ne faut en général secourir personne dans l'infortune. Mais, aider son prochain est une des exigences fondamentales de la loi morale et, si nous rejetons la charité, parce que les actes qu'elle suggère peuvent avoir des conséquences inconnues, funestes, pourquoi ne pas rejeter l'abstinence et autres devoirs, dont nous ne pouvons ni prévoir ni calculer les conséquences néfastes, comme dans les cas cités ? Or, si le mal découle de ce qui nous paraît bon, le contraire arrive aussi : de ce qui nous semble un mal, le bien peut éclore. Ne faut-il donc pas tout directement faire le mal pour en faire découler le bien ? Par bonheur ce point de vue s'annihile lui-même, car la série des conséquences inconnues mène plus loin que nous ne nous le figurons. Ainsi, dans mon premier exemple, quand, en surmontant son penchant pour la boisson, M. X... empêche indirectement la naissance du futur grand homme, — comment savons-nous, si un jour ou l'autre, ce grand homme n'eût pas causé de grandes infortunes à l'humanité, et dans ce cas, quelle chance qu'il n'ait pas vu pas le jour ! M. X... fit donc bien en se contraignant à rester à la maison. Pareillement, nous ne connaissons pas les conséquences ultérieures du triomphe de la vertu par le soufflet si généreusement essuyé ; il est possible qu'il eût engendré plus tard l'orgueil spirituel, le pire des péchés, et perdu l'âme de cet homme ; ainsi, M. X... fit bien, en étouffant sa colère et en empêchant la manifestation de grandeur d'âme de son interlocuteur. En général, nous avons, à défaut de certitude, le droit de faire des suppositions sur les possibilités, tant d'un côté que de l'autre. Mais, de ce que nous ignorons les conséquences de nos actes, il ne s'ensuit pas qu'il faille s'abstenir d'agir ; une telle conclusion serait juste si, au contraire, nous étions sûrs que les conséquences dussent être mauvaises ; or, comme elles peuvent être indifféremment bonnes ou mauvaises, nous avons ici autant de motifs (ou plus exactement — absence de motifs) pour agir que pour persévérer dans l'inaction, c'est-à-dire, à ce point de vue, nous ne pouvons savoir ce qui vaut mieux : l'action ou l'inaction ; et, par conséquent, toutes les considérations sur les résultats indirects de nos actes n'ont pour nous aucune portée pratique. Pour en faire le *Credo* de note vie, il nous faudrait connaître, non seulement les plus proches chaînons dans la série des conséquences, mais, comme après ces plus proches, nous sommes en droit d'en supposer d'ultérieurs, de caractère opposé, ruinant nos conclusions, il nous faudrait encore connaître la longue série des conséquences jusqu'à la fin et au delà du monde, ce qu'il ne nous est même pas donné d'espérer.

Ainsi, ni nos actes, ni notre abstention d'agir ne doivent être déterminés par des considérations sur les conséquences indirectes possibles, toujours ignorées, mais par des motifs qui découlent directement du principe moral. Et ici il y a accord entre le point de vue éthique et le point de vue mystique. Si tout émane de la Providence, ce ne peut être à l'insu de la Providence que l'homme a reçu en don la raison et la conscience, qui lui suggèrent ce qu'il faut faire dans le sens du vrai bien, sans avoir égard aux conséquences indirectes. Et, si j'ai foi en la Providence, j'ai aussi foi en ce qu'elle ne souffre pas que des actions en accord avec la conscience et la raison aient des conséquences absolument mauvaises. Reconnaissant qu'il est immoral et contraire à la dignité humaine de s'avilir par des boissons fortes, la conscience ne me permet pas d'espérer que, dans l'état d'ivresse, je pourrais faire quelque chose qui, plus tard, aurait de bonnes conséquences. De même, si par des motifs tout moraux, sans colère et sans haine, j'empêche le meurtrier d'en finir avec sa victime, l'idée ne me vient pas même de songer que quelque chose de mal pourrait en découler et qu'il eût peut-être mieux valu laisser s'accomplir le meurtre.

Comme je sais fermement, grâce à la raison et à la conscience, que les passions charnelles — l'ivrognerie et la débauche — sont en elles-mêmes un mal et qu'il faut s'en abstenir, je sais de même inébranlablement, en m'appuyant sur cette même conscience, cette même raison, que la charité effective est en elle-même un bien, et qu'il faut s'y consacrer, en secourant réellement son prochain, en le défendant contre les éléments, les bêtes fauves, les malfaiteurs et les insensés. Aussi, si quelqu'un, par de purs motifs d'humanité, arrache le poignard des mains de l'assassin, le délivre du péché et la victime de mort violente, ou encore, empêche un fou furieux de courir librement les rues, le témoignage secret de son âme l'approuvera toujours, et il aura conscience d'avoir, *in facto*, réalisé la loi morale : aidez-vous les uns les autres.

De nos péchés mêmes la Providence tire de bonnes conséquences, mais combien plus de bien ne retire-t-elle pas de nos bonnes actions et, ce qui importe, c'est que ce bien est un peu à nous, nous

y avons pris une part active, tandis que le bien, qui peut découler de
nos mauvaises actions, ne nous concerne, ne nous appartient pas.
Mieux vaut collaborer à l'œuvre d'une Providence toute clémente
que de n'en être que la matière inerte.

VI

Le châtiment, sous sa forme de représailles intimidantes (dont
l'aspect typique est la peine de mort) ne se justifie pas au point de
vue éthique, en tant qu'il renie l'homme dans la personne du coupable, le prive de l'existence, de la possibilité d'une régénération
morale, droit inhérent à chaque créature humaine, et le transforme
en un instrument passif pour la sûreté d'autrui. Mais de même, les
relations passives, qui ne combattent pas le crime, ne se justifient
pas au point du vue éthique, car, ici, on ne prend pas en considé-
ration le droit de l'offensé à la défense, ni celui de la société à une
existence assurée; tout est abandonné à l'arbitraire des pires membres de la société. Le principe moral exige une réaction effective
contre le crime et définit cette réaction (ce châtiment dans le
sens large du mot), comme un moyen légitime de la charité active
qui, légalement et par force, restreint les manifestations de la
mauvaise volonté, non seulement eu égard à la société et à ses
membres pacifiques, mais aussi dans l'intérêt même du coupable.
De la sorte, le châtiment, dans sa vraie conception, est quelque
chose de complexe, mais ses différentes faces sont toutes également
soumises au principe moral de charité, embrassant l'offensé comme
l'offenseur. Celui qui souffre de par le crime a droit à la défense et,
dans la mesure du possible, à la compensation; la société a droit à
la sécurité; le coupable a droit à des éclaircissements, à l'expiation,
à la pénitence. Conformément au principe moral, la réaction contre
le crime doit réaliser ou, en tout cas, ne jamais perdre de vue la
réalisation de ces trois droits.

La sauvegarde de la personne, la sûreté de la société et le bien
ultérieur du coupable même exigent avant tout que le fauteur du
crime soit privé de sa liberté. Si, dans ses intérêts, comme dans
ceux de ses proches, le dissipateur est, en toute justice, privé de la
liberté et de la gestion de sa fortune, combien plus urgent et équitable n'est-il pas d'en agir de même avec le corrupteur, l'assassin
dans la sphère de leur activité? Pour le criminel, la perte de la liberté

est d'une importance majeure, car elle arrête le développement de la mauvaise volonté et lui donne la possibilité de se reconnaître, de se repentir.

Actuellement le sort du coupable est définitivement arrêté par le tribunal qui, non seulement décide de la culpabilité, mais encore conclut au châtiment. En éliminant réellement du code pénal les motifs de vengeance et d'intimidation, l'idée du châtiment, comme d'une mesure fatale, arrêtée d'avance et, au fond arbitraire, doit disparaître. Les conséquences du crime doivent intimement et naturellement répondre à l'état d'âme du criminel. Le fait de la culpabilité établi, le tribunal doit préciser le degré de responsabilité du criminel, et le péril ultérieur qu'il présente pour la société, c'est-à-dire, qu'il doit faire le diagnostic et le pronostic de la maladie morale, mais il est contraire à la raison de prescrire la durée et le mode infaillible du traitement. La marche et les procédés du traitement doivent varier conformément à la marche de la maladie, et le tribunal doit remettre l'affaire aux institutions pénitentiaires, dans le ressort desquelles le criminel entre. Cette idée, qui encore naguère eût paru d'une bizarrerie inouïe, s'est déjà, à un certain degré, réalisée dans quelques pays (par exemple en Irlande, en Belgique), où les arrêts conditionnels sont admis. Dans certains cas, le coupable, condamné à une peine définie, ne la subit effectivement pas, si le crime ne se répète pas ; s'il ne tombe pas dans la récidive, il reste libre, le premier crime étant considéré comme fortuit. Dans d'autres circonstance, les conditions de l'arrêt se rapportent au terme de l'incarcération, que l'on abrège, conformément à la conduite ultérieure du coupable. Les arrêts conditionnels constituent, dans la législation pénale, un pas en avant d'une importance majeure et fondamentale.

VII

Il fut un temps où les aliénés étaient traités comme des bêtes féroces à dompter : on les mettait à la chaîne, on les assommait de coups. Un siècle à peine s'est écoulé depuis qu'on estimait que c'était là l'ordre des choses et à présent on n'y peut songer sans effroi. Si tant est que le mouvement historique va s'accélérant de plus en plus, j'espère encore voir poindre le jour, où l'on jugera nos prisons, nos bagnes, comme aujourd'hui nous jugeons les anciennes institutions psychiatriques avec leurs cages de fer à l'usage des malades. Le système pénitentiaire actuel, malgré ses progrès indubitables (1), n'en demeure pas moins encore en connexion étroite avec l'antique notion du châtiment, comme d'un supplice à dessein imposé au criminel, conformément au principe : « Il en paye bien la folle enchère ».

Le problème positif du châtiment dans son vrai sens, en ce qui a trait au coupable, n'est pas le supplice physique, mais la correction, la guérison morale. Cette idée, admise il y a longtemps déjà par différents écrivains, de préférence par des théologiens, des philosophes, mais seulement par un petit nombre de juristes, provoque deux objections péremptoires de nature double : l'une vient des juristes, l'autre des anthropologistes d'une certaine école. Du côté des juristes, on affirme que la correction du délinquant n'est pas possible, à moins d'une violence faite à son être intime, violence que ni la société, ni l'état n'ont le droit de faire. Mais il y a ici deux malentendus. D'abord le problème de la correction du criminel n'est, dans le rapport analysé, qu'un des cas de l'action positive et obligatoire de la société ou de l'Etat, sur ses membres irresponsables. Niant en principe cette action, comme une violence faite à l'être intime, il faudra aller plus loin et nier de même l'instruction publique des enfants, le traitement des aliénés dans les hopitaux organisés, etc.

Et où est ici la violence faite à l'être intime? En commettant le crime, le coupable n'a-t-il pas dévoilé, mis effectivement à nu son être intime? Une opération contraire est de rigueur pour le faire rentrer dans son état normal. Ce qu'il y a de particulièrement étrange dans cette objection, c'est, qu'en reconnaissant à la société le droit de placer l'homme dans des conditions dépravantes (comme les prisons, les travaux forcés) au dire des juristes eux-mêmes, elle lui enlève le droit, qui n'est qu'un devoir, de le placer dans des conditions moralisatrices.

Le second malentendu gît dans la compréhension erronée de la correction, comme de quelque chose d'extérieur, en forme de règle morale absolue. Mais pourquoi prendre pour règle ce qui n'est que de l'ignorance? Il va de soi que la correction ne peut être efficace qu'en tant qu'elle est intime et émane du criminel lui-même. Le

---

(1) En Russie bien des améliorations ont été faites dans le département des prisons, surtout pendant l'administration de K. K. Grot et de M. N. Gatkine-Vrosskii.

concours extérieur doit se réduire à placer l'homme dans des conditions favorables, à lui venir en aide, à le soutenir dans ce travail in-
térieur.

Le second argument vient des authropologistes qui, en soutenant
l'innéité, concluent à l'incorrigibilité des penchants criminels. Il est
certain qu'il y a des hommes ayant des tendances criminelles innées
et il est difficile de nier qu'il n'y en ait d'incorrigibles dans le
nombre; mais, d'un autre côté, affirmer que tous les criminels sont
incorrigibles, est arbitraire et ne mérite pas de critique sérieuse. Si
nous sommes en demeure d'admettre que quelques criminels seuls
soient incorrigibles, il est difficile, voire impossible, de certifier
d'avance que le criminel donné entre dans cette catégorie; il est
donc de toute nécessité de placer tous ces infortunés dans les conditions les plus favorables à leur correction éventuelle. La première
et la plus importante de ces conditions est certes d'avoir à la tête
des institutions pénitentiaires des hommes à la hauteur de cette
mission élevée et délicate, — les meilleurs des juristes, des psycho-
logues et des hommes inspirés par les idées religieuses.

Une tutelle publique, composée d'hommes compétents à l'effet de
corriger les coupables, — voilà la seule idée « du châtiment » ou de
représailes positives que le principe éthique puisse admettre. Fondé
sur ce principe, un système pénitentiaire, plus équitable et plus
humain que le système actuel, sera indubitablement aussi plus efficace.

REVUE INTERNATIONALE

DE

SOCIOLOGIE

PUBLIÉE TOUS LES MOIS, SOUS LA DIRECTION DE

RENÉ WORMS

Secrétaire-Général de l'Institut International de Sociologie

AVEC LA COLLABORATION ET LE CONCOURS DE

MM. Ch. Audler, Paris. — A. Asturaro, Gênes. — A. Babeau, Troyes. — M. E. Ballesteros, Santiago. — P. Beauregard, Paris. — L. Beaurin-Gressier, Paris. — R. Bérenger, Paris. — M. Bernès, Montpellier. — J. Bertillon, Paris. — A. Bertrand, Lyon. — L. Brentano, Munich. — Ad. Buylla, Oviedo. — Ed. Chavannes, Paris. — E. Cheysson, Paris. — J. Dallemagne, Bruxelles. — C. Dobrogeano, Bucarest. — P. Dorado, Salamanque. — M. Dufourmantelle, Paris. — L. Duguit, Bordeaux. — P. Duproix, Genève. — A. Espinas, Paris. — Fernand Faure, Paris. — Enrico Ferri, Rome. — G. Flamingo, Rome. — A. Fouillée, Paris. — A. Giard, Paris. — Ch. Gide, Montpellier. — R. de la Grasserie, Rennes. — P. Guiraud, Paris. — Louis Gumplowicz, Graz. — H. Hauser, Clermont. — M. Kovalewsky, Moscou. — F. Larnaude, Paris. — Ch. Letourneau, Paris. — E. Levasseur, Paris. — P. de Lilienfeld, Saint-Pétersbourg. — A. Loria, Padoue. — J. Loutchisky, Kiew. — John Lubbock, Londres. — J. Mandello, Budapest. — L. Manouvrier, Paris. — P. du Maroussem, Paris. — T. Masaryk, Prague. — Carl Menger, Vienne. — G. Monod, Paris. — F. S. Nitti, Naples. — J. Novicow, Odessa. — Ed. Perrier, Paris. — Ch. Pfister, Nancy. — Ad. Posada, Oviedo. — O. Pyfferoen, Gand. — A. Raffalovich, Paris. — E. van der Rest, Bruxelles. — M. Revon, Tokio. — Th. Ribot, Paris. — Ch. Richet, Paris — E. de Roberty, Tver. — V. Rossel, Berne. — Th. Roussel, Paris. — A. Schæffle, Stuttgart. — F. Schrader, Paris. — G. Simmel, Berlin. — C. N. Starcke, Copenhague. — L. Stein, Berne. — R. Steinmetz, Utrecht. — G. Tarde, Paris. — J. J. Tavares de Medeiros, Lisbonne. — F. Tœnnies, Hambourg. — A. Tratchewsky, Saint-Pétersbourg. — E. B. Tylor, Oxford. — I. Vanni, Bologne. — J. M. Vincent, Baltimore. — P. Vinogradow, Moscou. — R. dalla Volta, Florence. — E. Westermarck, Helsingfors. — Emile Worms, Rennes. — L. Wuarin, Genève.
Secrétaires de la Rédaction : Ed. Herriot. — Al. Lambert. — Fr. de Zeltner.

Abonnement annuel : FRANCE : 18 fr. — UNION POSTALE : 20 fr.

PARIS.

V. GIARD & E. BRIÈRE, ÉDITEURS

16, RUE SOUFFLOT, 16

1897

LIBRAIRES CORRESPONDANTS :

Benda (B.),	à Lausanne.	Mayolez (O.) & J. Audiarte,	à Bruxelles.
Brockhaus (F. A.),	à Leipzig.	Nutt (David),	à Londres.
Feikema Caarelsen & Cⁱᵉ,	à Amsterdam.	Samson & Wallin,	à Stockholm,
Férin & Cⁱᵉ,	à Lisbonne.	Stapelmohr (H.),	à Genève.
Gerold & Cⁱᵉ,	à Vienne.	Stechert (G. E.),	à New-York.
Kilian's (F),	à Budapest.	Van Fleteren (P.),	à Gand.
Kramers & fils,	à Rotterdam.	Van Stockum & fils,	à La Haye.
Loescher & Cⁱᵉ,	à Rome.		

BIBLIOTHÈQUE
SOCIOLOGIQUE INTERNATIONALE

PUBLIÉE SOUS LA DIRECTION DE

RENÉ WORMS

Secrétaire-Général de l'Institut International de Sociologie

Cette collection se compose de volumes in-8°, reliure souple (1).

Ont paru :

RENÉ WORMS : *Organisme et Société.* . . . . 8 fr.

PAUL DE LILIENFELD, président de l'Institut International de Sociologie : *La Pathologie Sociale* . . . . 8 fr.

FRANCESCO S. NITTI, professeur à l'Université de Naples, membre de l'Institut International de Sociologie : *La Population et le Système social.* . . . . 7 fr.

ADOLFO POSADA, professeur à l'Université d'Oviedo, membre de l'Institut International de Sociologie : *Théories modernes sur les Origines de la Famille, de la Société et de l'État* . . . . 6 fr.

SIGISMOND BALICKI, associé de l'Institut International de Sociologie : *L'État comme organisation coercitive de la Société Politique* . . . . . . 6 fr.

JACQUES NOVICOW, membre et ancien vice-président de l'Institut International de Sociologie : *Conscience et Volonté Sociales.* . . . . 8 fr.

FRANKLIN H. GIDDINGS, professeur à l'Université de Colombie (New-York), membre de l'Institut International de Sociologie : *Principes de Sociologie.* 8 fr.

ACHILLE LORIA, professeur à l'Université de Padoue, membre de l'Institut International de Sociologie : *Problèmes Sociaux Contemporains* . . . . 6 fr.

MAURICE VIGNES, chargé du cours d'économie politique à l'Université de Grenoble : *La Science Sociale d'après les principes de Le Play et de ses continuateurs,* 2 volumes . . . . 20 fr.

Paraîtront successivement :

LOUIS GUMPLOWICZ, professeur à l'Université de Graz, membre et ancien vice-président de l'Institut International de Sociologie : *Sociologie et Politique.*

M.-A. VACCARO, membre de l'Institut International de Sociologie : *Les Bases sociologiques du Droit et de l'État.*

MAXIME KOVALEWSKY, ancien professeur à l'Université de Moscou, membre et ancien vice-président de l'Institut International de Sociologie : *Les Questions Sociales au Moyen-Age.*

JULES MANDELLO, chargé de cours à l'Université de Budapest, membre de l'Institut International de Sociologie : *Essai sur la Méthode des Recherches Sociologiques.*

(1) *Les volumes de la collection pourront aussi être achetés brochés avec une diminution de 2 francs.*